AF202321

Manon Haccius
Sabine Hammer
Renate Haußmann (Hg.)

Die Zeit ist Zeuge

Gedichte zu Dritt

© 2019 Manon Haccius, Sabine Hammer, Renate
Haußmann (Hg.)
Idee: Renate Haußmann, Schreibweise Hamburg
Satz und Gestaltung: Renate Haußmann
Verlag und Druck: tredition GmbH, Halenreie 40-44,
22359 Hamburg
978-3-7482-7342-4 (Paperback)
978-3-7482-7343-1 (Hardcover)
978-3-7482-7344-8 (e-Book)

Jedes Wesen ein Schrei danach gelesen zu werden.

(Simone Weil)

Lyrik im Trialog

In Erinnerung an bedeutende Ereignisse der Zeit zwischen 1954 und 2001 sind sich die drei Autorinnen dieses Gedichtbands poetisch begegnet. Die zugeworfenen Gedichte sind die Impulse für eine Kommunikation im Trialog, der die lyrische Freiheit nutzt und ausspricht, was in Worte zu fassen ist. Sie sind unabhängig voneinander nicht denkbar, weil sie inhaltlich und emotional miteinander verknüpft sind.

Dennoch haben sie eine individuell erkennbare Form, ihren je eigenen Rhythmus und sprachlichen Duktus.

Diese unterschiedlichen biografisch-fiktiven Perspektiven auf das reale Ereignis in Versform, erzeugen eine Spannung, die im Dreierschritt für das jeweilige Thema überraschende Räume öffnen, und bieten den Lesern und Leserinnen eine dreidimensionale Sicht auf das Geschehen.

«Die Zeit ist Zeuge» ist Band 3 der Serie Konzeptionelle Lyrik.

If you can dream it
you can do it.
(Walt Disney)

4.7.1954

DAS WUNDER VON BERN

David gegen Goliath

Wir sind wieder wer

Von Vorbildern und Idolen

David gegen Goliath

Wunder passieren immer wieder

Außenseiter
Bekommen viel Aufmerksamkeit.
Das Publikum
Will sie kämpfen seh'n.
Ihre Niederlage
Ist jedoch vorprogrammiert.

Favoriten
Erwarten neue Triumpfe.
Ihre Fans
Wollen Siege feiern.
Die Medaillen
Glänzen in der Julisonne.

Trainer
Laufen aufgeregt hin und her.
Jubel und Entsetzen
Prägen ihre Schreie.
Dieser Spielverlauf
Irritiert alle im Stadion.

Einige Zuschauer
Liegen sich in den Armen.
Hoffnung
Breitet sich aus.

Kriegsverlierer
Entdecken alte Lebensfreude.

Ungarische Fähnchen
Fallen zu Boden.
Ein zweiter Platz
Wär' unfassbar schmerzlich.
Verzweifelte Spieler
Jagen den Ball.

Das Wunder
Kann tatsächlich gescheh'n.
Der Sieg
Zum Greifen nah.
Herbergers Ruf
Wir schaffen das.

Macht das WUNDER wahr.

(Sabine Hammer)

wirtschaftswunder

und dann
dann wurde das vorkriegsmotorrad
gegen ein auto ausgetauscht
klein gelb
zwei zylinder 25 ps
wir sind wieder wer
wir schaffen das
mutter häkelt mützen
in heimarbeit
vater verkauft policen
der volksfürsorge
ein nebenverdienst am abend
nein meine frau arbeitet nicht
ich werd ja wohl
meine familie ernähren können
und meine kinder
die sollen es mal besser haben
am wochenende
fahren wir ans meer
die karge freizeit
ist beschränkt
samstag nachmittag
bis sonntag früher abend
vater raucht eine zigarre
auf dem familienfoto
vor dem symbol
neuen selbstbewusstseins

(Renate Haußmann)

Underdog

Nein dieser David ist kein Underdog
Konzentriert steht er da
Ganz präsent und bereit
Die Augen auf das Ziel gerichtet
Nackt aber nicht verletzlich
Weiß er um seine Kraft
Um seine Wendigkeit und Körperbeherrschung
Ernst denn es geht um Leben und Tod
Die Steinschleuder schon zur Hand
Gleich wird das Wurfgeschoss
Goliaths Stirn treffen
Genau zwischen den Augen.

Oder der junge Nuba
Nach dem Kräftemessen im Ringen
Noch in der Spannung des Wettstreits
Die Haltung fast wie Michelangelos David
Stolz spricht aus seinem Blick
Nackt der schlanke athletischer Körper,
Kbein Posing
Sondern ruhiges Selbstverständnis
Seine vibrierende Präsenz
Sprengt fast das Foto
Das Riefenstahl vor 50 Jahren schoss.

Wie anders dagegen Balotelli
Auch ein Sohn Afrikas

Vom Schicksal nach Europa gespült
Ein Könner im Fußball
Wenn nicht Trotz ihm ein Bein stellt
Treffsicherer Schütze der EM 2012
Reißt er sich das Trikot vom Leib
Nach dem zweiten Tor gegen Deutschland
Steht trotzig, herausfordernd da – posiert er?
Sollen wir seinen definierten Sixpack bewundern?
Aber warum dreht er dann
Die Fäuste nach innen vor dem Bauch
Und macht die Schultern so breit?
Jedes seiner Tore sprengt Sklavenketten!
Er fühlt sich als David gegen Übermächte
Im Herzen ein Underdog.

(Manon Haccius)

Wir sind wieder wer

am morgen danach

heute nimmt er das motorrad
ohne helm
im gürtel der alten fliegerjacke
hängt die brottasche
brüchiges braunes leder
fritz walter
steckt hinter dem mettwurstbrot
ein zerknittertes portrait
das sammelbild aus der
zigarettenschachtel
trägt er immer bei sich
vom ersten tag der wm

es regnet
ein letzter blick zurück
seine frau steht am fenster
sie winkt zuversicht
wie jeden morgen
erst dann weckt sie die kinder
als seine tochter geboren wurde
war sie achtzehn
am abend wird sie wieder dort stehen
ihn erwarten
voller freude am leben
er nimmt sich vor blumen zu kaufen

und für die kinder weintrauben
trotzige tränen
vermischen sich mit regentropfen
sie werden es schaffen
so wie der junge rahn
einer von uns
der nichts zu tun hat
mit den eliten
den aufsteigern aus den ruinen
den steigbügelhaltern der mächtigen
die sich schon wieder satt machen
auf kosten der jungen
und der frauen und kinder
die ihre zukunft im krieg verloren

in der bude auf dem betriebshof
warten die kollegen
in dem stolz auf ihre mannschaft
mischt sich anerkennung
für den gegner
der im selben moment
eines traumes beraubt wurde

(Renate Haußmann)

Fußballfreie Zone

Ich bin in einer fußballfreien Zone aufgewachsen
Im Jahrzehnt nach den „Wir sind wieder wer"-Jahren
Bei uns klebte niemand sonntags am Radio
Um einer Spielübertragung zu folgen
Niemand sammelte Bildchen der Helden von Bern
Ihre Namen waren nicht Thema am Familien-Esstisch
Wir gingen sonntags wandern
Oder – manchmal – in die Kirche
Aber nicht auf den Fußballplatz.

Fußball blieb für mich ein Nebengeräusch
Die WM im Abi-Jahr berührte mich nicht
Eine Ausnahme vielleicht das WM-Endspiel 1986
Vor dem Fernseher einer Jugendherberge
Irgendwo zwischen Leipzig und Bitterfeld
Auf Agrarexkursion in der DDR
Die polnische Gruppe in der Herberge
Drückte demonstrativ uns Westdeutschen die Daumen
Ein leiser Hauch Rebellion in der alten Burg.

Mit über 70 entdeckte meine Mutter ihr Fußballherz
Mein Vater guckte halb amüsiert mit.
Ich glaube, mir reichte auch heute noch
Eine fußballfreie Zone zum Wohlfühlen.

(Manon Haccius)

Hinter der Fassade

Dicht gewachsene Thujahecken
Verstecken das Eigenheim.
Der frisch polierte VW
Wartet auf seine Italienfahrt.
Das Dienstmädchen
Serviert gute deutsche Butter.
Sie leisten sich wieder was.
Der Buchdrucker schiebt Nachtschicht,
Am Tag will er Bier und seine Ruhe.

Der schlesische Dialekt
Verrät ihre verlassene Heimat.
Kriegsangst und Hunger
Hat sie vergessen.
Die Geflüchtete
Unterrichtet nun die Dorfkinder.
Die Zugezogenen
Häufen Wohlstand an.

Hinter den Gardinen
Keimt neues Leid.
Nachbarn hören
Verzweifelte Kinderschreie.
Es geht sie nichts an.
Was wollen
Diese Fremden hier?
Sie belagern
Ihren Grund und Boden.

Psst, sei still!
Was sollen denn
Die Leute denken?
Hör auf zu heulen,
Dir geht's doch gut.
Du hast doch alles.
Andere beneiden dich.
So gehst du nicht raus.
Nimm das Pflaster
Für die Wunde.
Sag, es war der Hund.
Vati kann nicht anders.
Der Krieg hat Schuld.

(Sabine Hammer)

Von Vorbildern und Idolen

Der Ball ist rund

Man muss den Ball auch einfach mal laufen lassen.
Über die Außen, Junge, sonst wird das nichts!
Nicht zu glauben, den hätte sogar ich reingemacht!
Das war Abseits. Wo war die Pfeife von Linienrichter?
Komm mir bloß nicht mit Videobeweis,
das wird der Schiri ja wohl noch so hinkriegen.
Ein Sahne-Tor war das, einfach unglaublich!

Also, lieber Kollege, Euer Verein, der hat ja gestern
Was zusammengespielt, da sag' ich besser nix zu!
Hast ja recht, Austria Wien war auch nicht prickelnd.
Aber dass die Bayern den Jupp noch mal geholt haben!
Der kann's halt, und das ohne Super-Ego.
Die Jungs geh'n durchs Feuer für ihn.
Das musst Du erst mal schaffen mit über 70.

Frau Kollegin, Ihre Aufgabe bei uns,
die kann man am ehesten mit Verteidigung vergleichen.
Absolut notwendig, aber völlig unspektakulär.
Da gibt's keinen Jubellauf über das ganze Feld,
keine Choreo und keine Ansage vom Stadionsprecher.
Zu viel Fußball für Ihren Geschmack?
Aber damit krieg ich jedes Kundengespräch gedreht!

Jeden Montag dasselbe Gefoppe und Schwadronieren
Über die Taten der jeweiligen Helden am Wochenende.
Und ich? Ich lese den Sportteil der Zeitung,
damit ich auch mal was beisteuern kann,
weiß Ergebnisse, Spieler, Trainer und Torhüter.
In Frauenrunden ertappe mich bei Fußballmetaphern.
Dem Thema entkommt man nicht.

(Manon Haccius)

Früher war alles besser

Kinder nuckelten
Verträumt am Daumen,
Wenn Vati
Vor seinem Radio hockte.
Mutti servierte kühles Bier.
Man gönnte sich wieder was.
Der Krieg verloren,
Die Uniform im Schrank.
Alle Räder standen still.
Aber der Ball rollte
Bis ins Endspiel.
Der Favorit Ungarn schoss Tore.
Erneut kein deutscher Sieg in Sicht.

Psst du Dummchen, sei nun still.
Weil Vati das jetzt hören will.
Deutsche Männer strengen sich an,
Der Walter und der Helmut Rahn.
Hör mit dem Nägelkauen auf.
Und lausch brav dem Spielverlauf.
Wir waren Außenseiter in dem Spiel.
Noch eine Niederlage wär' zu viel.
Lass den Stuhl jetzt endlich steh'n.
Ich kann das Kippeln nicht mehr seh'n.
Vati sitzt dicht am Radio dran,
Da schreit ganz laut Herr Zimmermann.
Halt dich gerade jetzt, gleich fliegst du raus.
Tor, Tor, Toor, Tooor, das Spiel ist aus.

Nun sind wir Deutschen wieder wer.
Das Tor vom Rahn war echt famos.
Jetzt heul doch nicht, was ist denn los?
Der Spielerlohn ist 1000 Mark, das ist sehr viel.
Und du kriegst dein Betthupferl am Lollistiel.

(Sabine Hammer)

konservierte helden

im stadion
elf in kurzen hosen
wie marionetten an unsichtbaren fäden
die strippenzieher sieht man nicht
sie backen idole am fließband

aufreißen abziehen einkleben
erfolg ist der maßstab für anerkennung
wahre werte verschwinden im sammelband
ein stück vorbildlicher integration
aus dem kiosk am bahnhof

gesellschaft im wandel
ohne aufstand und revolution
abzulesen an der haarmode und
an der hautfarbe der protagonisten
erlebte diversität
im stadion

(Renate Haußmann)

Das Allgemeinste in der
Geschichte ist das Leid.
(T.W. Adorno)

16./17.2.1962

ALS HAMBURG IN DER FLUT VERSANK

Wenn Deiche brechen

Land unter

Handeln ist das Gebot der Stunde

Wenn Deiche brechen

stille nacht

nachtschwarze dunkelheit
kein licht durchbricht die stille
regentropfen fallen
in tosende fluten

eiskalter sturm fegt
über häuserdächer
zufluchtsorte
die aus dem wasser ragen

leise wimmert die alte
wärmt sich im arm des sohnes
der in die fluten starrt
kindernamen betend

kein licht durchbricht die stille
nachtschwarze dunkelheit

(Renate Haußmann)

Nachwirkungen

Der Deich
Der die kleine Nordseeinsel
Schützt
Erneuert, erhöht, verbreitert
Im abwehrbereiten Rund
Nach Westen versetzt
Um das Dorf geführt
Das geschah nach der Sturmflut.

Beim Deckwerk im Westen
Das aus Ziegeln gemauerte Stück
Zerschlagen, funktionslos
Die mächtige Spundwand
Tief eingerammt in den Sand
Findlinge mit Beton umgossen
Tonnenschwere Tetrapoden verbaut
Das geschah nach der Sturmflut.

Die Giftbude am Westend zerstört
Beim Damenpad
Die Randdünenkette fortgespült
Senkrechte Abbruchkante
Ein schmaler Strand nur noch
Überflutet
Schon bei normaler Tide
Das war die Sturmflut.

Das Eichwäldchen im Osten
Gerettet durch ein Süßwasserbad
Die schwarze Handprothese
Des Kaufmanns
Nach dem Unfall mit der Pumpe
Die Wasserstandslinie
In der Halle des Inselbahnhofs
Sie bezeugen die Nacht der Sturmflut.

(Manon Haccius)

Durchbruch

In meiner Erinnerung
Bricht mir das Herz,
Seh' ich meinen Teddy
In den reißenden Fluten.
Todesmutig wollt' ich ihn retten.
Ich war Fahrtenschwimmerin.

Damals hast du
Dein Wort gebrochen.
Du wolltest bei mir sein
In allergrößter Not.
Der Sturm erstickte meinen Schrei.
Ich war deine Tochter.

Ich weiß noch ganz genau
Wie ich auf Biegen und Brechen
Dich verlassen habe.
Ich löste die Umklammerung,
Sprengte die Fesseln
Und beatmete mich selbst.

Wenn Deiche in mir brechen,
Dann lach ich Tränenwasser.
Mal' mir ein Gemälde
Bis zum Horizont,
Träum' von meiner Liebe
So farbenfroh und weit.
Sie ähnelt einer Landschaft
Im bunten Jahreszeitenkleid.

(Sabine Hammer)

Land unter

Land unter

Die Pegel steigen und steigen
Und größer wird das Gewässer
Es will kein Ausweg sich zeigen
Die Lage wird hier nicht besser.

Noch größer wird das Gewässer
Unterspült sind Dünen und Deich
Die Lage wird hier nicht besser
Der Schutzwall zerbricht sicher gleich.

Unterspült sind Dünen und Deich
Nirgends ist noch Grund zu sehen
Der Schutzwall zerbricht sicher gleich
Wo kann man Rettung erflehen?

Nirgends ist noch Grund zu sehen
Es will kein Ausweg sich zeigen
Schwimmen heißt's oder vergehen
Die Pegel steigen und steigen.

(Manon Haccius)

Das Wasser steht allen bis zum Hals

Wiesen, auf denen sonst ihr Vieh grast,
Sind überflutet.
Ihre Äcker und Felder sind überspült.
Den Bauern steht das Wasser bis zum Hals.
Wann treffen endlich die Soldaten ein?

Vorgärten, die stets penibel gepflegt werden,
Sind nun Seenlandschaften.
Entwurzelte Bäume dienen als Flöße.
Sie bieten den Hausbesitzern Halt.
Ihnen steht das Wasser bis zum Hals.
Wann treffen endlich die Soldaten ein?

Oben unter dem Dach
Hockt die Familie dicht zusammen.
Überall ist Land unter.
Hubschrauber kreisen orientierungslos umher.
Der Strom ist längst abgeschaltet.
Bald steht ihnen das Wasser bis zum Hals.
Wann treffen endlich die Soldaten ein?

Plötzlich ertönen laute Rufe.
Es kommt Hilfe für ihr Dorf.
Soldaten mit Sandsäcken
Sichern ihren Deich.
Alle packen an.
Die Müdigkeit - wie weggespült,
Hoffnung macht sich breit.

Die Pegelstände sinken.
Noch steht das Wasser bis zum Knie.

(Sabine Hammer)

tagesanbruch

der tag erwacht
bringt licht ins dunkel
schwarzes nass schluckt autobahnen
kirchturmspitzen tragen halskrausen
aus weißen schaumkronen

mich findet eine hand
dein lächeln
zieht mich in das boot
es wiegt mich
durch den sturm

halt mich fest
damit ich halt finden kann
geh nicht fort
begleite mich
bis ich land sehe

(Renate Haußmann)

Handeln ist das Gebot der Stunde

Kommt eine Flutwelle, musst du aufs Dach!

Noch fünf lange Stunden bis Mitternacht,
Kommt eine Flutwelle, musst du aufs Dach!
Hör zu, was die im Radio sagen.
Es sind schon Tote zu beklagen.
Die Flut macht keinen Halt an den Deichen.
In ihr treiben Vieh- und Menschenleichen.

Noch vier lange Stunden bis Mitternacht,
Kommt eine Flutwelle, musst du aufs Dach!
Beeil dich mit dem Abendbrot,
Denn wir sind jetzt in großer Not.
Leg dann die Leiter in den Garten,
Dein Hund muss nun aufs Futter warten.

Noch drei lange Stunden bis Mitternacht,
Kommt eine Flutwelle, musst du aufs Dach!
Schlaf schnell in Hemd und Hose ein.
Heult die Sirene, werd' ich bei dir sein.
Die Leiter liegt schon an der Wand.
Wie's weitergeht ist dir bekannt.

Noch zwei lange Stunden bis Mitternacht,
Kommt eine Flutwelle, musst du aufs Dach!
Trotz Sturm hört sie den Hund jetzt bellen.
Er wird ertrinken in den Wellen.

Sie will im Zwinger bei ihm sein.
Er soll nicht sterben so allein.

Noch eine lange Stunde bis Mitternacht,
Kommt eine Flutwelle,musst du aufs Dach!
Oma zittern vor Angst die Hände.
Sie verzweifelt und spürt ihr Ende.
Sie kann auf keine Leiter steigen
Und wird sich ihrem Schicksal beugen.

Es ist längst Mitternacht
Und niemand muss aufs Dach.
Die Flutwelle ist nicht gekommen,
Hat uns're Lieben nicht genommen.
Lebensfreude macht sich breit.
Selbst der Hund wirkt jetzt befreit.

(Sabine Hammer)

du bist nicht allein

sirenen heulen
quäken durch die nacht
adrenalin steigt in den adern
hilfe aus eigener kraft

der kopf ist klar
hellwacher verstand
jetzt hör auf dein herz
es führt deine hand

du bist noch jung
das leben wartet schon

doch jeder für sich
ist keine option

(Renate Haußmann)

Handeln ist das Gebot der Stunde

Handeln ist das Gebot der Stunde
Wer handelt macht vielleicht nicht alles richtig
Aber ist bereit jeden Moment etwas zu ändern
Handeln heißt Optionen durchspielen
Und immer die wählen
Die den Spielraum erweitert
Die neue Chancen schafft
Die den Rückweg nicht zu früh abschneidet
Handeln heißt nicht nichts tun
Aber kein unnötiges Risiko eingehen
Heißt auch mal abwarten
Heißt auf das Bauchgefühl achten
Heißt springen und klettern wenn es gilt
Handeln heißt dem Leben und Schicksal vertrauen.

(Manon Haccius)

Wer will, dass die Welt
so bleibt, wie sie ist,
der will nicht, dass sie bleibt
(Erich Fried)

4.4.1968

ALS MARTIN LUTHER KING ERMORDET WURDE

Ich habe einen Traum

Black or White

Freiheit die ich meine

Ich habe einen Traum

traumfänger

der himmel brennt
ein schuss peitscht durch die stille
die masse rennt
es ist nicht menschenwille
es ist die machenschaft
die monster macht

bilder rasen durch die welt
der tote wird immer gleicher
geschlechtslos und heiter
wir werden eins unterm himmelszelt
die hoffnungsträger
die friedensjäger

sie verbreiten angst und schrecken
in den ruinen der macht
süße der hoffnung ist zu schmecken
gedanken bohren sich in die träume
rauben mir den schlaf der nacht
damit ich nichts versäume

(Renate Haußmann)

Freiheit träumen

Einen Träumer kann man verhöhnen
Aber nicht den Traum
Der bleibt ungekränkt.

Einen Träumer kann man verprügeln
Aber nicht den Traum
Der bleibt heil.

Einen Träumer kann man erschießen
Aber nicht den Traum
Der lebt weiter.

Alle Träumer kann man nicht ermorden
Viele Träumer halten den Traum lebendig
Sie träumen neue Wirklichkeit.

(Manon Haccius)

Traumfabrik

Träume gibt es von der Stange
Für alle Leut' im Angebot
Freidenker sprechen laut
Schreiben in allen Sprachen.

Frauen und Männer
Steigen Leitern hinauf
Grenzenloses Wandern
Unter'm Himmelszelt.

Helfende Hände stillen die Not
Die Tortenstücke sind gleich groß
Farbenvielfalt unter'm Regenbogen
Schwarz–weiße Umarmungen.

Zuversicht in allen Blicken
Friedvolle Abendstimmung
Die Leichtigkeit des Traums
Macht sie alle frei.

(Sabine Hammer)

Black or White

Black and White

Black & White stand auf den Flaschen
Oder Johnny Walker
Und manchmal Cointreau
Am Strand meiner Kindheit
Neben Muscheln
Und gelegentlichen
Korkschwimmern der Fischernetze
Lagen sie im Flutsaum
Das trinken also Seeleute
Im Lebensmittelladen
Reichte der Blick
Noch nicht bis zu den harten Sachen.

Schwarz wie Ebenholz
Ist das Haar von Schneewittchen
Ebenholz – was ist Ebenholz?
Und weiß wie der Schnee
Das Gesicht zum schwarzen Haar
Weiße Haut – ist sie schön?
Und nochmal weißer
Nach dem Biss in den Stiefmutterapfel
Von Eifersucht auf Ebenholz und Schnee
Berichtet der Spiegel
Gar nicht heile Märchenwelt
Für das Kind keine Frage.

Von Ebony and Ivory
Sangen McCartney und Wonder
In den Achtzigern
Ebony – es dauerte bis ich verstand
Das ist Ebenholz
An Schneewittchens Haar
Dachte ich nicht mehr
Der Märchenzeit entwachsen
Ein Ohrwurm der Song
Ein Ohrwurm die Frage der Musiker
Warum es Schwarz und Weiß nicht gelingt
Friedlich zusammen zu leben.

Prinzessin nennt Beppo aus der Pizzeria sie
Kupferhaare, Sommersprossen
Schneewittchenhaut
Die Prinzessin liebt Donnerstag
Das bedeutet sein Name in seiner Sprache
Ebenmäßige schwarze Haut, ein stilles Lächeln
Elfenbeinküste – Ebony and Ivory…
Ja sagt er, tu es la femme de ma vie
Gefragt war nur das zukunftsschwere Ja
Ja sagt die Prinzessin, ja, ich will
Strahlt, leuchtet, Venus pur
Gibt es doch Märchen?

(Manon Haccius)

Miteinander – Gegeneinander

Ich gehöre nicht hier her,
Muss in der Ecke steh'n.
Ich bin keine von denen,
Die leicht nach oben geh'n.

Du sprichst nicht ihre Sprache,
Teilst auch nicht ihren Ort.
Du liest nicht ihre Bücher,
Du träumst dich manchmal fort.

Er tanzt in langen Kleidern,
Verliebt ins Spiegelbild.
Er sucht nach einem Prinzen,
Für den ein Ja noch gilt.

Sie will nicht nur gebären,
Nicht nur das Mutterglück.
Sie will vom ganzen Himmel,
Das große halbe Stück.

Wir grenzen aus, sortieren,
Und denken nur schwarz-weiß.
Wir lassen sie erfrieren,
Ihr Tod, das ist der Preis.

Ihr sollt die Schreie hören,
Wenn ihr die Türen schließt.
Den Nachtschlaf soll es stören,
Wenn ihr schwarz-weiß genießt.

(Sabine Hammer)

aufrecht gehen

lennon ist schwarz
seine augen schimmern
wie ebenholz
korkenzieherlocken suchen ihren weg
blonde kinder bleiben stehen
sie staunen
wie süß …
sagt die dame
die sich in letzter minute
zusammenreißt
und nur in gedanken hinzufügt
… der kleine neger

die tante von clara sagt
sie ist farbig
und gestattet der nachbarin
ihr über das haar zu streichen
so wie die fremde in der metro
die sich
ohne ein Wort zu sagen
des kindes bemächtigt
das im mantel der mutter untertaucht
und von da an
nicht ohne mütze aus dem haus geht
ein bischen komisch ist sie schon
die kleine
sagt die nachbarin

sie werden immer ruhiger
clara und lennon
lernen die regeln
spielen auf zeit
sie sind wie die anderen
nur die sind noch nicht bereit

bis neue werte die dinge messen
politisch korrekt
ist das zeichen der zeit
lennon und clara seid ihr bereit
als feigenblatt der neuen offenheit
auf den thron gehoben zu werden
als ikonen neuer harmonie
und brüderlichkeit

seid wachsam
fragt euch wer standhaft bleibt
oder
wer in der dunkelheit spontan
auf die andere Straßenseite geht
steht aufrecht
denn
ihr habt beizeiten
zu unterscheiden gelernt

(Renate Haußmann)

Freiheit, die ich meine

Freischwimmen

Dunkle, embryonale Geborgenheit,
Warmes Fruchtwasser treibt sie ans Licht.
Süße, klebrige Milch erstickt ihre Schreie.
Freiheit von der Nabelschnur.

Wissbegierig zwängt sie sich in die Schulbank.
Der Ernst des Lebens ist tiefschwarz.
Sein Rohrstock ist der Vater ihrer Angst.
Nur ihre Gedanken bleiben schmerzfrei.

Sie schwimmt fortan in ihren Träumen
Auf fremdes Ufer zu.
Das Neuland nennt sie Freiheit.
Sein Wertegewand ist alt.

In dieser neuen Heimat
Sind alle Menschen gleich.
Brüder und Schwestern sind freigeschwommen
Leben gemeinsam im Himmelreich.

(Sabine Hammer)

ein wort mit acht buchstaben

mich quält der gedanke
dass meine freiheit
eine andere
als deine ist

mich quält die frage
ob meine genau wie
deine freiheit
eine erdachte ist

mich quält die gewissheit
dass ohne verlust
deiner wärme
freiheit nicht zu haben ist

mich quält die sorge
ob freiheit ein trugschluss ist
und stelle die frage
woran man freiheit misst

in mir wächst die ahnung
dass freiheit
ein spiel
der anderen ist

mir bleibt einzig die sicherheit
dass freiheit
ein wort
mit acht buchstaben ist

(Renate Haußmann)

Freiheit

Den einen erklärten sie für vogelfrei
Den durfte jeder töten
Der andere sang von freien Gedanken
Und wurde dafür eingesperrt.

Jeder soll nach seiner Fasson selig werden
Absolutistisch verfügt
und aufgeklärt zugleich
Noch heute damit der Zeit voraus.

Freiheit ist
immer die Freiheit
Des Andersdenkenden, Andersglaubenden
Andersliebenden.

Freiheit nur ein anderes Wort
Wenn nichts mehr zu verlieren ist?
Oder frei wie der Wind
Den eigenen Zielen zu folgen?

Frei wovon das ist schnell benannt
Wenn auch nicht schnell erkämpft
Frei wofür? Kühne Hoffnung und
Riesige Herausforderung zugleich.

Alle Menschen sind frei und
Gleich an Würde und Rechten geboren.
Freiheit ein Natur- und Menschenrecht
Jeden Tag neu zu erobern.

(Manon Haccius)

Man muss die Augen weit offen halten, um die Dinge so zu sehen, wie sie sind; noch weiter offen, um sie anders zu sehen, als sie sind; und noch viel weiter offen, um sie besser zu sehen, als sie sind.
(Antonio Machado)

21.6.1969
ALS NEIL ARMSTRONG DEN ERSTEN SCHRITT WAGTE

Guter Mond, Du gehst so stille

Fußabdruck

Schöne Erde

Guter Mond, Du gehst so stille

Guter Mond

Guter Mond
Sagen die Dichter
Sprechen vom silbrigen Mondlicht
Auf nächtlicher Landschaft
Träumen sich in das mondbeglänzte
Leise wogende Gerstenfeld der Juni-Nacht
Danken der freundlichen
Frau Luna
Für Frieden und Ruhe
Die sie der Seele bringt

Verlässlich wandelt
Der Mond durch die Nacht
Lässt die Meere atmen
Im Rhythmus der Gezeiten
Neuer Mond, schmale Sichel
Halbes Rund, volles Rund
Steigen still über das Firmament
Gelegentlich nur eine Nipptide
Und mal eine Springflut
Im Gefolge.

Leben wird
Von Rhythmus getragen
Ein Wunder das Werden

Auch wenn das Spiel der Hormone
Längst kontrollierbar scheint
Ein Umlauf des Mondes
Und Empfängnis ist möglich
Zehn Umläufe des Mondes
Und vielleicht erblickt
Neues Leben die Welt.

Ob deshalb
Die Madonna mit dem Kind
Auf der Mondsichel gezeigt wird?
Und sahen deshalb
Die Alten
Die Mondsichel
Zwischen den Hörnern des Rindes
Himmel und Erde
Leben und Werden
Verbindend?

Die Magie
Des Mondlichts
Von Frieden und Werden
Klingt in den Seelen nach
Auch wenn Astronauten
Ihr Trittsiegel auf dem Mond hinterlassen
Sie sehen die Erde
Als blauen Planeten
Mit atmenden Meeren
Und werden still.

(Manon Haccius)

Gütiger Begleiter

Seit früher Kindheit
Bist du da,
Beruhigst mich am Abend.
Einst wollt ich dich
Vom Himmel holen
Mit einer langen Leiter.
Du solltest bei mir sein
Als gütiger Begleiter.

Ich sehnte mich
Nach deiner Stille
Nach deiner Wiederkehr.
Hoch oben in den Wolken
Erspäht ich dein Gesicht.
Dein Lächeln
Ließ mich hoffen.
Es gab mir Zuversicht.

Ein inniger Kuss
Im gelben Schein.
Himmel und Erde
Standen Kopf.
Es drehte sich alles
In dieser Nacht.
Du hattest Schuld.
Nicht sorgsam gewacht.

Immer freundlich
Schaust du herab.
Klagst nicht,
Bist nie entsetzt
Über Kriege und Elend.
Beharrlich und treu
Bleibst du dort oben
Am sicheren Firmament.

(Sabine Hammer)

ungebetene gäste

hallo mond
hab acht
hier unten wo die menschheit wohnt
ist neuer spieltrieb erwacht

der osten gegen den westen
sind zum wettstreit aufgelaufen
sie kommen um dich zu testen
zu analysieren und zu verkaufen

einst warst du da für alle
ferne romantik mit sternenpracht
göttliches ritual in leuchtender nacht
nun sitzen wir in der falle

sie werden nichts als steine bringen
rauben kindliche vorstellungskraft
wer weiß wer dann von oben lacht
wenn wir deine magie besingen

(Renate Haußmann)

Fußabdruck

Lächeln

Kleine Schritte
Auf Mondgestein
Erobern
Den Weltraum.

Fußabdrücke
In the summer
Of sixty nine

Hinterlassen
Am Sehnsuchtsort
Spuren
In ihren Träumen.

Die Einsamkeit
Wird weggespült
Bis zum Horizont.

Zwei Helden
Gefeiert,
Geliebt
Und verehrt.

Die Flaggenspitze
Im Krater
Beherrscht den Weltraum.

Liebespfeile
In den Herzen
Beschlagnahmen
Ihre Seelen.

Spuren
Der Vergangenheit
Bleiben sichtbar.

Das Lächeln siegt.

(Sabine Hammer)

nichts als staub unterm schuh

erinnerungen
lassen bäume in den himmel wachsen
oder geben den blick in den abgrund frei
ereignisse
werfen schatten voraus
erzeugen kurze aufgeregtheit
bis sie verblassen
im rausch des alltags
im jetzt

da steht ein mann auf dem mond
in seltsamer montur
und hinterlässt eine spur
die immer bleibt
und auf der erde
kniet eine frau
am bett fiebriger kinder

der mann auf dem mond
verspricht große sprünge
für die ganze menschheit
und bringt nichts
als staub unter den füßen zurück
die frau schläft im testbildgeflimmer
und träumt ihr eigenes glück

(Renate Haußmann)

Historisches Geflimmer

Fast wie das flimmernde Testbild
In vielfältigen Grautönen
So sieht der Fernsehschirm aus
Aber es ist keine Bildstörung
Auf die die 10-jährige
Und ihre Schwester starren.

In der guten Stube der Nachbarn
Auf dem altmodischen Sofa
Mit bestickten Kissen samt Edelknick
Extra vom Vater erlaubt, ja gewollt
Sie selbst haben keinen Fernseher
Fernsehen ist sonst unerwünscht.

Englisch, Knackgeräusche, dann Deutsch
Astronauten sind auf dem Bildschirm zu sehen
Die tapsend die Landekapsel verlassen
Und merkwürdig zeitlupig
Mehr hüpfen als gehen
Sie sehen die ersten Schritte
Von Menschen auf dem Mond.

Dass das etwas Besonderes ist
Wird für die Kinder
Nur aus dem Drumherum klar
Die Bilder vom Geschehen auf dem Mond
Sind viel zu verflimmert und unscharf.

(Manon Haccius)

Schöne Erde

die erde ist (k)eine scheibe

die wissenschaft ist sich einig
es ist bewiesen und vermessen
errechnet und dokumentiert
die erde ist keine scheibe
die erde ist rund
es lügt wer anderes bescheinigt

doch wenn die schiffe aus dem wasser tauchen
am horizont im sonnenlicht
dann kommen sie wieder
meine zweifel
kleine teufel die mir sagen
überzeugen konnten sie mich nicht

die vernunft rollt mit den augen
pocht auf wissen und verstand
die erde ist rund
wie ein glatt geschliffener diamant
satelliten tun dies kund
diesen bildern muss man glauben

doch was ist wenn diese Bilder
eine täuschung sind
eine fälschung allererster güte
der mond unberührt die nacht erhellt
und die gestalt der erde noch umstritten
wären meine fantasien dann wilder

(Renate Haußmann)

61

Die Erde ist schön

Ob Scheibe oder Sphäre, die Erde ist wunderschön.
Schön ist das Licht, der Regen, sein farbiger Bogen.
Schön sind die Felder, Täler und kargen Höhn.
Großartig ist das ewig wogende Meer.

Schön ist das Licht, der Regen, sein farbiger Bogen.
Wie kostbar die Erde vom All her erscheint.
Großartig ist das ewig wogende Meer.
Die Erde, sie lebt und atmet für uns.

Wie kostbar die Erde vom All her erscheint.
Warum verletzen wir die Erde? Wir sollten sie heilen!
Die Erde, sie lebt und atmet für uns.
Wo bleibt der Entschluss, der Erde gut zu tun?

Warum verletzen wir die Erde? Wir sollten sie heilen!
Schön sind die Felder, Täler und kargen Höhn.
Wo bleibt der Entschluss, der Erde gut zu tun?
Ob Scheibe oder Sphäre, die Erde ist wunderschön.

(Manon Haccius)

Mondheilung

Frau Luna,
Schau genau.
Ich leih' dir
Mein Teleskop.
Trau' dich,
Rück' näher
An mich ran.
Siehst du
Meine Wunden?
Vergeht dir jetzt
Dein süßes Lächeln?
Überzieht Melancholie
Dein Mondgesicht?
Vor Kummer
Nimmst du ab.
Vermisst du
Meine wilde Schönheit?

Ich sehne mich
Nach alten Zeiten,
Zurück zum Ursprung
Zur Entstehung.
Dann würde
Ich mich
Besser schützen
Und wachsam sein.
Dich würde
Die Erdsucht befallen.

Ich wär' fortan
Dein Sehnsuchtsort.
Luna, rette mich
Deine wilde
Schöne Erde.
Ich brauche
Deine Mondheilung.

(Sabine Hammer)

Was vorüber ist
ist nicht vorüber.
Es wächst weiter in deinen Zellen,
ein Baum aus Tränen oder vergangenes Glück
(Rose Ausländer)

7.12.1970

ALS WILLY BRANDT IN WARSCHAU
UM VERGEBUNG BAT

Wenn Worte nicht reichen

Größe zeigen

Von Siegern und Besiegten

Wenn Worte nicht reichen

Spurensuche

Am Telefon vor ein paar Tagen
Wollt' er sie nach Wünschen fragen.
Sie möchte NICHTS, gar NICHTS haben,
Sich an diesem NICHTS nicht laben.
NICHTS kann sie nicht hören und seh'n.
Niemand kann dieses NICHTS versteh'n.
Es ist schwarz oder grau, niemals bunt.
Es ist so entsetzlich ungesund.

Er hat ihr so viel hinterlassen,
Dies Erbe konnte sie nur hassen.
Die Spurensuche war fatal,
Sein Nazifoto eine Qual.
Der Vergangenheit mit viel Gewicht
Schaut sie nun schonungslos ins Gesicht.
Sie ist schwarz oder grau, niemals bunt.
Sie ist so entsetzlich ungesund.

NICHTS will sie im Internet finden.
NICHTS steht nun für alle Sünden.
NICHTS will sie auf den Schultern fühlen,
NICHTS soll ihre Seele aufwühlen.
NICHTS soll der Tod bei Nacht schnell holen.
Ihr Kind-Sein hat das NICHTS gestohlen.
Das war schwarz oder grau, niemals bunt.
Es war so entsetzlich ungesund.

NICHTS fand sie in seinem Buch.
NICHTS war der Familienfluch.
NICHTS kam mit Grausamkeit daher.
NICHTS war nie leicht, es wog recht schwer.
NICHTS war auch für and're unerträglich,
NICHTS deprimierte sie so unsäglich.
Es war schwarz oder grau, niemals bunt.
Es war so entsetzlich ungesund.

Das NICHTS erschien im freien Fall.
Als käm's von oben aus dem All.
Es hatte Hunger, wollte Nahrung,
War auf der Suche nach Erfahrung.
ALLES oder NICHTS wär' jetzt verkehrt.
Ihr Leben zu leicht und unbeschwert.
Doch das NICHTS wandelte sich leise
Und nahm sie mit auf diese Reise.

Sein Schwarz und Grau, das wurde bunt.
Für ihre Seele war's gesund.

(Sabine Hammer)

die geste

ich wachse in einer zeit ohne worte
um mich herum sind alle stumm
sie reden ohne ihre stimme zu erheben
ignorieren meine tonlosen fragen
die aus hilflosen augen strömen

ich lerne in einer zeit ohne liebe
um mich herum sind alle tot
väter
bewegen sich ohne bodenhaftung
und verhüllen meine würde
die in eine neue zeit hinein reifen soll

ich suche in einer zeit ohne antworten
um mich herum senken sie ihre blicke
täter
die ihren selbstrespekt verloren haben
ohne demut sind sie verloren
finden nie den mut sich zu befreien

ich hoffe in einer zeit mit botschaften
um mich herum keimt versöhnung
kaum sichtbar noch unter der erde
gedüngt von denen die verantwortung zeigen
sie machen mich reif
für die wahrnehmung wahrhafter gesten

(Renate Haußmann)

An diesem Ort

An diesem Ort
War ein Ghetto
Hier
Wurde eine
Halbe Million Menschen
Zusammengepfercht
Auf nur vier Quadratkilometern
An diesem Ort
Litten die Menschen Hunger
Und unsägliche Angst
Von hier
Wurden hunderttausende
Deportiert
In Vernichtungslager
An diesem Ort
Kämpften und starben
Zehntausende
Menschen
Jüdischer Abkunft, Kultur und Glaubens
Wenige nur entkamen
Und konnten Zeugnis ablegen
Von Verzweiflung und Mut
Von Heldentum und dem großen Opfer.

An diesem Ort
Steht
Jahre später
An einem grauen Dezembertag

Zwischen Fotografen, Journalisten und Politikern
Sehr allein
Der Kanzler
Des Volks der Täter
Er zupft die Kranzschleife zurecht
Faltet die Hände
Neigt das Haupt
Beugt die Knie
Und sinkt nieder
Zum Erstaunen der Zeugen
Kniend verharrt er
Gedenkt in Demut
Des unendlichen Leids
Des ungeheuren Opfers
Des unglaublichen Mutes
Und bittet stumm um Vergebung
Für die unfassbare Schuld
An diesem Ort
Des Gedenkens
An den Mut und die Würde
Der Opfer und Kämpfer.

(Manon Haccius)

Größe zeigen

auf der suche

wo waren sie die sich der wahrheit stellten
deren rede auch mal ohne lösung blieb
weil sie nach antworten suchten
nach angemessenen
nach heilsamen
nach aufrechten
die uns selbstverantwortung lehrten

wo waren sie die sich nach freiheit sehnten
deren weg steinig wie unserer war
weil freiheit nur mit solidarität zu denken ist
für die andersdenkenden
für die abgehängten
für sieger und besiegte
die einander die hand reichen

wo waren sie die glaubwürdigen
die sich auflehnten gegen die bewahrer
die es aushielten die brüchigkeit des aufbruchs
die visionäre
die brückenbauer
die hoffnungsträger
deren mut zu mehr demokratie ansteckend war

(Renate Haußmann)

Wie zeigt man Größe

Beim Erstzugriff auf das ungleich geteilte Kuchenstück
Trotzdem das kleinste Stück nehmen?
Im Reißverschluss-Verkehr den Kleinwagen vorlassen
Auch wenn das eigene Gefährt reichlich mehr PS hat?
Auf dem schmal gepflasterten Dünenweg
Die Frau mit dem Kinderwagen durchlassen
Auch wenn das eigene Selbstbewusstsein größer ist?
Beim Bäcker sonntags morgens darauf achten
Dass das Kind nicht abgedrängt wird?
Ob das schon Größe ist?
Nun, jedenfalls ist es anständig.

Ist es schon Größe
Wenn man auf einem Fehler nicht herumreitet
Sondern konstruktiv weiterarbeitet?
Wenn man Zusagen einhält, die unbequem sind?
Wenn man fremden Lorbeer nicht als eigenen ausgibt?
Wenn man zugibt, dass man etwas nicht weiß?
Wenn man einen Fehler eingesteht
Eine Entschuldigung ausspricht
Wo es notfalls auch ohne gegangen wäre?
Ob das schon Größe ist?
Nun, jedenfalls ist es anständig.

Größe ist
Die anständig bewältigte
Besondere Situation
Ohne Vorbild

Ohne sicheres Muster
Größe reicht deutlich
Über das Maß des
Erwartbaren Anstands hinaus.

(Manon Haccius)

Abschied vom Gleichschritt

Ich reihe mich nicht ein,
Ich will nicht mit marschieren.
Eure Uniformen,
Eure Lieder sind nicht meine.
Ich sage NEIN,
Verbeuge mich vor den Toten.
Die Bilder von Massengräbern
Verscharrter Leichen
Bleiben im Kopf.
Schuldgefühle.
Ihre Angstschreie
Hallen noch immer nach.

Mahnende Worte
Von Zeitzeugen
Nähren meinen Widerstand.
Ich schere aus.
Ich misch' mich ein,
Will keine Schuld mehr
Auf mich laden.

Ich stehe auf,
Ergreif' Partei
Für Andersdenkende,
Die nicht im Gleichschritt
Mit marschieren.
Für die,
Die Haltung zeigen,

Die den Mut haben,
Sich zu verweigern.
Ihr Widerspruchsgeist
Lässt mich hoffen.

(Sabine Hammer)

Von Siegern und Besiegten

Sieg und Niederlage

Ein Sieger
Siegt
In einer kriegerischen Auseinandersetzung
In einem sportlichen Wettkampf
In einer Wahl.

Ein Sieger
Kann
Großmütig die Besiegten ihr Leben leben lassen
Im Sport die Leistung der Unterlegenen anerkennen
Den Wahlverlierer in die weitere Arbeit einbeziehen
Den Gestürzten die Hand reichen
Wissend
Es kommen neue Kämpfe
Neuer Wettstreit
Eine weitere Wahl.

Oder der Sieger
Hinterlässt verbrannte Erde
Macht keine Gefangenen
Vergewaltigt die Frauen der Besiegten
Und verkauft ihre Kinder
In die Knechtschaft.
Oder der Sieger
Demütigt die Erringer von Silber und Bronze

Und spottet über den Wahlverlierer.
Wehe den Besiegten
Sagten die Römer.

Solch ein Sieger
Legt den Keim
Für erbitterte Suche
Nach Revanche
Macht sich zum Gejagten
Im nächsten Wettkampf
Stachelt Nachfolgeanwärter
Auf den Thron an
Auf dass einem neuen Sieger
Gehuldigt werde.

Maß halten
Bei Sieg und Macht
Die Würde bewahren
In der Niederlage
Die bessere Leistung
Wertschätzen
Das größere Glück
Des Siegers sehen.
Deshalb wohl
Sagten die Römer
Im Triumphzug
Dem im Lorbeerkranz
Bedenke Du bist sterblich.

(Manon Haccius)

Eisberg

Stahlblaue Augen
Schüchtern mich ein,
Verfolgen mich im Schlaf.
Eiskalte Blicke
Lassen mich verstummen.

Bedrohliche Worte
Erpressen mich.
Tötungsgelüste im Traum.
Erniedrigungen
Lassen mich erstarren.

Zitternde Hände
Verletzen mich,
Verwunden Leib und Seele.
Grausame Schläge
Lassen mich erwachen.

Unter dem Eisberg
Ist Widerstand.
Brodelnd, ungestüm,
Ins Freie strebend
Löst er die Starre auf.

Lodernde Wut
Belebt mich,
Weckt gefangene Schreie.
Sie suchen Tageslicht.

Die Flucht beginnt.

Wer hört mir zu?
Streichelt meine Narben?
Wischt meine Tränen ab?
Wer bringt das Eis zum Schmelzen?
Gießt meine Blumensaat?

Im Garten der Gefühle
Wächst und gedeiht
VERGEBUNG.
Sie muss geschützt, bewahrt werden.
Damit der FRIEDEN bleibt.

(Sabine Hammer)

täter und opfer

verletzte seelen
der preis von kriegen
spürbar
über die zeit hinaus

tiefe wunden
zeichen des hasses
der preis von kriegen
spürbares vermächtnis an generationen

tiefe wunden
über die zeit hinaus

(Renate Haußmann)

Nichts bleibt wie es ist
Es wandelt sich
Und mich
(Rose Ausländer)

9.11.1989
ALS DIE MAUER FIEL

Wir sind das Volk

Go, Trabi, go

Grenze in den Köpfen

Wir sind das Volk

geschichte verpasst

ein kurzer moment
ein herzschlag nur
soll ich
in das auto steigen
es passiert etwas
großes
warum bin ich
merkwürdig unberührt

ganz anders
damals im sommer 1961
große aufregung
neue angst im labilen frieden
wir hatten ihm geglaubt
dem feind im kalten krieg
als er sagte
dass keiner die absicht hat
eine mauer zu bauen

taumeln im wirtschaftswunderrausch
die eltern satt von politik
leben war das credo
der saft von reifen pfirsichen
quoll aus lebenshungrigen mündern

in italien
beschien die sonne
eine andere welt
eine welt sinnlicher reife
die auf zitronenbäumen wuchs
weit weg von den überresten
des wahnsinns und
der schuld
nur die BILD schaffte es über den brenner
mit lettern über die ganze seite
K R I E G   ?
das fragezeichen abgespalten
damit die angst platz hatte
sich auszubreiten

die mauer
trauermal der getrennten
gesinnungsaxt im klassenkampf
schweres geschütz
zur wahrheitsfindung
in ost und west
wir hatten uns
abgefunden
mit denen da drüben
den anderen deutschen

(Renate Haußmann)

Ein Volk im Hüben und Drüben

Beim Bau der Mauer
War ich zwei
Und wusste nichts
Von Grenzen und Teilung.

Als ich lesen konnte
Stand auf Wahlplakaten noch
„Dreigeteilt – niemals!"
Und ich verstand gar nichts.

Im kleinen Grenzverkehr 1972
Fuhr die Familie nach Thüringen
Besuchte Schulfreunde der Mutter
Es war kalt, überall kalt.

Die Gerüche, die Sprachfärbung anders
Die Menschen vertraut und befangen zugleich
Nach elf Jahren Mauer und Grenze
Grau, kalt und ärmlich wurde „drüben" für mich real.

Wir fuhren erst fünf Jahre später wieder hin
Altes Haus, nur ein Plumpsklo, riesiger wilder Garten
Die Tante verteidigte das für uns
Ich verstand sie erst Jahre später.

Studentische Agrarexkursion 1986
Wie anders die DDR-Landwirtschaft ist
Eine Pausenplauderei mit zwei LPG-Jungs
Beleuchtet blitzartig Aspekte von Freiheit.

Studienfach zugewiesen, kein Wechsel möglich.
Vorher drei Jahre Dienst als Grenzsoldat
Studieren nur nach durchgehendem Wohlverhalten.
Was für ein Preis! Ich schweige betroffen.

1989 Ausreisewelle über Ungarn und Prag
Montags Demonstrationen in Leipzig
Stets unter Gefahr blutiger Eskalation
Rufe: Wir sind das Volk!

Das Volk von dem die Demokratie spricht
Das bei Wahlen mitgestaltet.
Dann: Wir sind ein Volk!
Das ist ebenso frech wie subversiv.

Wie nebenbei gewährt der Staatsrat Reisefreiheit
Öffnet fast aus Versehen Mauer und Grenze
Die Menschen strömen noch nachts zusammen
Und der Ruf der Demonstranten ist wahr.

(Manon Haccius)

Sind wir ein Volk?

Erst war es die Teilung,
Die Ost und West
Angst und Schrecken einjagte.
Danach die Einheit,
Der hohe Preis,
Der beide sorgte.

Reichen Unterschriften,
Um aus zwei Staaten
Einen zu machen?
Westliche Köche
Kreierten nach Staatsrezept
Einen Einheitsbrei.

Verführerisch angepriesen,
Mit Emotionen reich verziert,
Vom Volk zum Teil verschmäht.
Zu schwer verdaulich war das Mahl.
Es fehlte Zeit und Geld
Für ein neues Miteinander.

Ist westliche Dominanz überwindbar?
Wie einst die Mauer mit dem Stacheldraht?
Wann passieren wir unsere eigenen Grenzen?
Wenn wir Unterschiede als Bereicherung feiern?
Wachsen wir dann zusammen?
Sind wir dann ein Volk?

(Sabine Hammer)

Go, Trabi, go

Ein kleines Auto

Dieser Überschwang!
Die Menschen pilgern in Scharen
Zu den Grenzübergängen
Manche nach vieljähriger Unterbrechung
In Gemeinschaftsaktion
Provisorisch rasch geöffnet.

Begeistert wird jedes
Kleine Auto aus dem Osten
Mit Beifall begrüßt
Wildfremde Menschen umarmen sich
Strahlende Gesichter auf allen Bildern.

Trabi-Klatschen wird zum Hobby
Ein ermunternder Klaps
Auf's Dach des kleinen Autos
Das die so viele Jahre lang
Tödliche Grenze jetzt überquert.

Kleine Autos
Mit einer Karosserie
Aus Lumpen und Klebstoff
Ihr knötternder Zweitakter
Im Westen längst verboten
Wird zum Sound der Grenzüberwindung.

Sie sollen kommen und schauen
Sie sollen alles kennenlernen
Sie durften es ja so lange nicht
Nach Osten tasten sich
Ungläubig staunend
Die Älteren vor
Die noch das ungeteilte Land kannten
Tränen in den Augen bei ihrer Erkundung.

Die friedliche Revolution der DDR-Bürger 1989
Steht für immer in den Geschichtsbüchern
Ein deutscher 9. November
Auf den alle stolz sein können
Das knötternde Auto der Revolutionäre
Hatte seine five minutes of fame der Weltgeschichte.
Heute fährt es nicht mehr auf den Straßen.

(Manon Haccius)

Vereinigung braucht Zeit

Kilometerlange Trabischlangen
Werden belächelt, beklatscht.
Sie schaut die Tagesschau,
Vor Rührung fließen Tränen.
Sie benetzen den Test.
Endlich ist sie schwanger.
Jahrelanges Warten hat ein Ende.
Behutsam streichelt sie ihren Bauch.

Ihre Ärztin verkündete am Morgen:
In Ihnen ist auch eine Mauer gefallen.
Grenzenlose Liebe,
Überschwängliche Willkommensgefühle
Machen sich in ihr breit.

Sie kann sich nicht sattsehen
An den putzigen Spielzeugautos,
Macht Witze über sie,
Bestaunt ihre Langsamkeit.
Plötzlich hält sie inne,
Schaltet runter,
Verringert das Tempo,
Atmet gleichmäßig ein und aus.

Der Erwartungsdruck lässt nach.
Das Ziel ist erreicht.
Sie ist angekommen.
In ihr wächst neues Leben.

Es ist winzig, kaum sichtbar.
Und muss beschützt werden
Diese Herausforderung
Birgt große Abenteuer.

Ein Wunschkind.

(Sabine Hammer)

bilder im kopf

manchmal
wünscht sie sich gelassenheit
ein bisschen mehr vertrauen
dass ihre gedanken zähmt
die strengen
die kritischen
die wertenden

sie kann es nicht glauben
fremde liegen sich in den armen
reichen bananen durch autofenster
lachen über einheitsgroße autos
rümpfen die nase
wegen der ausdünstungen
unlautere interpretationen

fremdschämen
nährt sich aus misstrauen
was ist echt
was die geburt medialer präsenz
sie will sich nicht beugen
bleibt sprachlos
fremdelt mit der wende
will sich nicht gemein machen

sie fühlt sich allein
allein in beiden welten
stellt keine fragen

erwartet keine antworten
nur das übliche rauschen
manchmal wünscht sie sich
gelassenheit

(Renate Haußmann)

Grenze in den Köpfen

Stacheldraht im Kopf

Die Trennungslinie
Ist noch da.
Der Stacheldraht
Im Kopf
Verhindert
Jedes WIR.

Die Kerze
Auf dem Fenstersims
Ist völlig abgebrannt.
Und Drüben
Warten sie
Auf Licht.

Schwestern und Brüder
Ducken sich weg,
Erkennen einander nicht.
Der Schatten
Der Mauer legt sich
Auf ihr Gesicht.

Landschaften
Blühen nur im Traum.
In ihnen
Wächst die Angst.
Nichts bleibt
Wie es einst war.

Sie wollen jetzt
Dazu gehören,
Laufen, hetzen hinterher.
Kein Blick zurück,
Nur vorwärts schau´n.
Schreien: Hier sind wir.

Wer sagt,
Dass das die Einheit ist?
Wer gibt
Die Richtung vor?
Wer hat die Macht?
Nichts bleibt wie zuvor.

Konsum,
Das neue Zauberwort
Ersetzt die Solidarität.
Nun gilt
Haben mehr als Sein.
Und Einheit ist nur Schein.

Blutrote Fahnen
Versteckt im Schrank,
Den Kopf
Nach rechts gedreht.
Keiner hört die Signale,
Weiß nicht wie's weiter geht.

(Sabine Hammer)

im wirbel der gefühle

siehst du die sehnsucht
in den augen derer
die sich nicht abfinden mit den lügen
sie durchschauen die planspiele
ohne chance auf erfüllung
sie spiegeln entschlossenheit
kannst du die lust auf leben sehen

spürst du den mut des aufbruchs
sie trauen sich ins licht
verbünden sich gegen die waffen der macht
im schutz der öffentlichkeit
trotzen sie ihrer angst
ohne garantien für eine bessere welt
kannst du den traum von freiheit spüren

hörst du das signal der einheit
es kommt direkt auf dich zu
erkennst du die historischen verwandten
die dich zwingen zu teilen
und dir die augen öffnen
wie bequem du dich eingerichtet hast
kannst du die stimme der verantwortung hören

fühlst du den beton in deinem kopf
du fragst dich hab ich es gewollt
und wer hat mich gefragt
dir fehlt das motiv zur erregung

und spielst nach bekannten regeln
die gewählten werden es schon richten
kannst du das gefängnis der gewohnheit fühlen

(Renate Haußmann)

Dank

Ich habe Bilder gesehen
Gestochen scharfe Schwarz-Weiß-Fotos
Die Stasi hat sich aufgenommen
Von den Menschen
Bei den Montagsdemonstrationen im Herbst 1989
Ein unglaublicher Ernst
Eine unbeugsame Entschlossenheit
Der Mut der Machtlosen
Sprechen aus ihren Zügen.

Dicht gedrängt
Jeden Montag mehr Menschen
Hunderttausend
Füllten schließlich den Ring in Leipzig
Schweigend zogen sie die Straße entlang
Obwohl es dunkel und kalt war
Kein Lachen, kein Ruf
Denn sie wussten um die Allgegenwart
Der Stasi und scharfer Waffen.

Von ihren Liebsten
Verabschiedeten sie sich jeden Montag
Als ob es der letzte Abschied wäre
Denn die Waffen waren scharf
Und die Stasi allgegenwärtig
Aber diesen unglaublichen Ernst
Diese unbeugsame Entschlossenheit
Spürten Militär und Stasi
Und schossen nicht.

Hätte ich diesen Mut gehabt?
Hätte ich diese Entschlossenheit aufgebracht?
Wäre ich bereit gewesen
Für Freiheit und Würde
In den Tod zu gehen?
Ich weiß es nicht
Ich war nie in solch existenzieller Lage
Ich bewundere die Leipziger Montagsdemonstranten
Ich zolle ihnen tiefsten Respekt.

(Manon Haccius)

Es gibt keine Grenzen.
Weder für Gedanken noch für Gefühle.
Es ist die Angst,die immer Grenzen setzt.
(Ingmar Bergmann)

11.9.2001
9/11

Mitten ins Herz

Und plötzlich ist nichts mehr wie es war

Spätfolgen

Mitten ins Herz

Im Herzen getroffen

Den Anschlag hat das Land noch nicht verwunden.
Aus blaustem Septemberhimmel erfolgte er.
Die Seelen noch immer im Schock, noch zerschunden.

Hier heilte noch keine Zeit die Wunden.
Das Land schmerzen die Narben noch sehr.
Den Anschlag hat es bisher nicht verwunden.

Wie konnten sie das Glück so vieler verwunden?
Flugzeuge als Waffen, ein Missbrauch, so krass unfair.
Die Seelen noch immer im Schock, noch zerschunden.

Genugtuung hat man bislang nicht gefunden.
Zwar den Kopf der Bande fand und tötete das Heer,
Doch hat den Anschlag das Land nicht verwunden.

Man will durch Überwachung, gar Folter gesunden,
Bildaufzeichnung, Daten, Kontrollen und mehr.
Die Seelen noch immer im Schock, noch zerschunden.

Im Innersten ist Verunsicherung zu erkunden.
Man gibt sich stark und bleibt im Herzen leer.
Diesen Anschlag hat das Land nicht verwunden.
Die Seelen noch immer im Schock, noch zerschunden.

(Manon Haccius)

Was tut uns gut, was nicht?

Es tut mir nicht gut
Das Grübeln, das Verlangen
Nach Erklärungen,
Nach Antworten suchen.

Sie tun mir nicht gut
Die Fragen nach dem
WARUM.
Kann es auch hier passieren?

Wir tun uns nicht gut
Mit den Ohnmachtsgefühlen,
Mit dem ständigen Analysieren,
Mit dem Versinken in Apathie.

Sie tun mir gut
Die Kinder,
Die auch am Tag danach
Schutz und Nähe suchen.

Wir tun uns gut,
Hören uns zu, fühlen mit,
Wenn Yassin vom Attentat erzählt,
Vom Tod seiner Eltern in Afghanistan.

Es tut uns gut,
Wenn erlebtes Leid
Eine Stimme bekommt,
Wenn Gemeinschaft uns Hoffnung gibt.

(Sabine Hammer)

ins herz der welt

das herz der welt
allumfassend
lebenspendend
zerbrechlich
ist getroffen

das herz der täter
im siegestaumel
mit stärke protzend
allmacht fühlend
ist getroffen

das herz der waffenschmiede
sie schärfen ihre klingen
frohlockend
im rausch steigender kurse
ist getroffen

das herz der mächtigen
es ist ihre stunde
für not haben sie gesetze
die in schubladen warten
ist getroffen

das herz der gläubigen
durch geburt
zu verdächtigen geworden
in angst verharrend
ist getroffen

das herz der opfer
am falschen ort
zur falschen stunde
kraftwerk des lebens
schlägt nicht mehr

(Renate Haußmann)

Und plötzlich ist nichts mehr wie es war

Angst ist ein schlechter Begleiter

Weißt du noch?
Vor drei Jahren
Ist sie nur mal eben so
Nach New York zum Shoppen geflogen.
Heute würde ich es ihr verbieten.
Ich hätte Angst
Sie zu verlieren.

Erinnerst Du Dich
An ihren Berlintrip?
Damals ist sie ganz spontan
Über den Weihnachtsmarkt geschlendert.
Heute würde ich es ihr nicht erlauben.
Ich hätte Angst
Sie zu verlieren.

Ach ja,
Und die Klassenfahrt
Nach Südfrankreich,
Dabei sein bedeutete ihr alles.
Heute würde ich es nicht genehmigen.
Ich hätte Angst
Sie zu verlieren.

Ich weiß:
Angst ist ein schlechter Begleiter.
Mir ist bewusst,
Dass ich früher furchtloser war.
Heute weiß ich es,
Die Begegnung mit dem Tod
Ist zu jeder Zeit, an jedem Ort möglich.

Es zählt der Augenblick,
Der Moment des Glücks.
Ihn will ich konservieren
In meinem Herzen
Und in meinem Gedächtnis.
Er lebt weiter
Über den Tod hinaus.

(Sabine Hammer)

der augenblick

dieser kurze moment
bruchteile von sekunden
du wirst zeuge
von unvorstellbarem
schmerz brennt ein zeichen
in deine seele
dein auge öffnet das tor
zum verstand
unauslöschlich
und du wartest
auf das vergessen

(Renate Haußmann)

Veränderungen

Das Werden und Vergehen in der Natur
Bringt ständig leise Veränderungen
Und manchmal Augenblicke
Nach denen alles anders ist als vorher
Wenn die unscheinbare Knospe zur Blüte aufspringt
Wenn aus der bräunlichen Puppe der Falter kriecht
Und seine Flügel schillernd im Sonnenlicht breitet
Wenn das Küken aus dem Ei schlüpft
Oder später die reife Frucht vom Baum fällt
Der Vogel seine Reise nach Süden antritt
Der Falter stirbt.

Das Leben der Menschen
Bringt ständig leise Veränderungen
Und manchmal Augenblicke
Nach denen alles anders ist als vorher
Ein Kind wird geboren und das Paar wird Familie
Das Kind ist erwachsen, zieht aus
Und es wird so still in der Wohnung
Ein Leben hört auf und es bleibt diese Lücke
Dass es so kommt war lange schon klar
Doch wenn es soweit ist
Dann ist auf einmal nichts mehr wie vorher.

In Gemeinschaften
Gibt es ständig leise Veränderungen
Und manchmal eine große radikale
Den großen Sprung nach vorne

Die unerwartete Katastrophe
Das plötzliche Unglück
Oder die ungeheure moralische Verfehlung
Wenn jemand ein Flugzeug in ein Hochhaus steuert
Einen Lastwagen in den Weihnachtsmarkt lenkt
Bomben in einem Gotteshaus zündet
Dann ist von jetzt auf gleich nichts mehr wie es war.
Aber das Leben geht weiter – es muss ja.

(Manon Haccius)

Spätfolgen

august 2002

pointb williamsburg
ground zero
kein ort
an dem es mich hinzieht
überstrapazierte analysen
undurchschaubare folgen
neue unschuldige wurden
den vielen toten geopfert
nine-eleven
eingeordnet in den wahnsinn
neuzeitlicher kampfspiele
die workloge in williamsburg

zeitlich begrenzte zuflucht
für freie gedanken und
gefängnis der kreativität
zugleich
mal wieder

im central park
uli hat geweint
in gedanken an den tag
annette trauert
um unbekannte tote
die new yorker spüren verantwortung
für die zukunft
des leeren platzes in downtown

yo pinto lo que veo y siento
ich kann mich der energie
der ereignisse nicht entziehen
nicht dem puls der stadt
und nicht den menschen
die mir nahe sind

moma queens
new york hat keine motive für mich
die stadt polarisiert
zwischen gewohnter anziehungskraft
und neuer fremdheit
spült es es mich durch
touristische ereignisse
das moma ist nach queens gezogen
willkommene unvollkommenheit
zieht mich wie am roten faden
durch die fabrikhallen
und endet
vor einem stapel
endloser reproduktionen
papier 50x100
eine take away animation
sichert teilhabe und erlösung
meine bilder sprechen
von gigantonomie und verwahrlosung
und sie leben
im format der türme

(Renate Haußmann)

April 2010

Noch niemals in New York?
Nein, das stimmt nicht
Aber über 40 Jahre ist es her
Dass sie diese schnelle laute Stadt besuchte
Rein touristisch ein Teenager noch en famille
Heute kennt sie diese Stadt der Kultur
Des schnellen Shopping-Trips aus Europa
Die Stadt der großen 9/11-Wunde
Nicht.

Als der isländische Vulkan
Mit dem unaussprechlichen Namen
Damals ausbrach
War sie zuletzt in Amerika
Endlos die Schlange vor Immigration in Chicago
Schroff sind die Officer dort immer
Diesmal war es besonders arg
Jede Kontaktaufnahme hart abblockend
An Worten das Allernötigste nur
Bellend wiederholt wenn der Tourist
Eingeschüchtert und im Jetlag
Nicht gleich verstand
Sie konnte es zwei Stunden beobachten
Dann war sie selber dran
Und die Vorbereitungszeit hatte nicht gereicht.
Spätfolge des September 2001?

Im Auto mit Freunden
Sah sie Leerstand und Bauruinen
Rezession unverkennbar
Aber eher die Folge von Lehmann und Co
Nicht von 9/11
Im Gespräch mit den Freunden
Blieb Politik ausgespart
Sie wurde geneckt
Für Obama-Schwärmerei das war's
Zu kostbar die Zeit
Um Streit zu riskieren
Lieber Barbecue und Plaudern
Gemeinsam Einkaufen gehen
Und Frank-Lloyd-Wright-Bauten ansehen
Verlorene Unbefangenheit
Spätfolge des 11. September auch das.

(Manon Haccius)

Schluss mit dem Terror im Kopf

Was wäre wenn,...
Ich stoppe den Gedanken,
Lösche die grausamen Bilder
Vom Bostoner Marathon.
Beim Zieleinlauf
Muss ich weinen.
Ich habe überlebt.

Und wenn was passiert?...
Sie hüllt sich in Schweigen,
Lässt die Körper -
Und Taschenkontrolle
Über sich ergehen.
Das Meeting in Manhattan
Könnte ihr Karrieresprung sein.
Beim Abschied von den Kindern
Muss sie weinen.

Traust du dich in die Moschee?...
Fatma verweigert die Antwort.
Sie betet zu Allah.
Die Gläubigen machen ihr Mut.
Sie geben ihr Halt.
Beim Opferfest
Muss sie weinen.

Hast du auch Angst, wenn ...?
Sie spürt die Wut,

Die Ohnmacht,
Das Ausgeliefert-Sein,
Sie schreit ihr NEIN
Laut heraus.
Sie will dem Terror
In ihrem Alltag
Keinen Platz geben.
Er darf keine Macht
Über sie bekommen.
Sie will ihre Lebenslust
Wieder entdecken,
Auch wenn sie das
Viel Kraft kosten wird.

(Sabine Hammer)

DIE AUTORINNEN

Manon Haccius hat ihr Berufsleben der Bio-Land- und –Lebensmittelwirtschaft gewidmet. Schreiben bedeutet für sie die Suche nach differenziertem Ausdruck für Beobachtungen, über Pläne oder Ziele. Seit einiger Zeit ergänzt sie die schriftliche Kommunikation des Alltags mit kreativem Schreiben. Sei es zur Erkundung neuer Sichtweisen oder im lyrischen Versuch.

Sabine Hammer ist Sonderpädagogin und Mediatorin. Nach ihrer Pensionierung widmet sie sich dem Schreiben. Während ihrer Weiterbildung im kreativen Schreiben entstand ihr erstes Kinder- und Jugendbuch «Pssst, ich schreibe eine Mail an Oma!», das 2018 im epubli Verlag erschienen ist. «Schon als Jugendliche hab' ich mit Begeisterung Gedichte geschrieben. Doch das Wechselspiel in lyrischer Kommunikation, das stetig neue Impulse setzte, ist tief in meine Erinnerungen eingedrungen und hat diese mit Leichtigkeit zu Worten werden lassen».

Renate Haußmann ist Autorin für kreatives Schreiben. In der Reihe «Konzeptionelle Lyrik – Gedichte zu Dritt" gibt sie Gedichtbände mit Schreibkolleginnen heraus, die den lyrischen Trialog als kreativen Impuls nutzen. «Ich hab' Lyrik in mir. Mit dieser Entdeckung bin ich zur Wortsucherin geworden. In der Lyrik geht es immer gleich ums Ganze. Innen wird nach Außen gekehrt, bläht sich auf mit aktueller Wahrnehmung, um dann ohne Punkt und Komma in die Wirklichkeit der Leser/-innen einzudringen«

GEDICHTE

116

4.4.1968

Als Martin Luther King ermordet wurde

40   traumfänger (Haußmann)
41   Freiheit träumen (Haccius)
42   Traumfabrik (Hammer)
43   Black and White (Haccius)
45   Miteinander – Gegeneinander (Hammer)
46   aufrecht gehen (Haußmann)
48   Freischwimmen (Hammer)
49   ein wort mit acht buchstaben (Haußmann)
50   Freiheit (Haccius)

21.6.1969

Als Neil Armstrong den ersten Schritt wagte

52   Guter Mond (Haccius)
54   Gütiger Begleiter (Hammer)
56   ungebetene gäste (Haußmann))
57   Lächeln (Hammer)
59   nichts als staub unterm schuh (Haußmann)
60   Historisches Geflimmer (Haccius)
61   die erde ist (k)eine scheibe (Haußmann)
62   Die Erde ist schön (Haccius)
63   Mondheilung (Hammer)

7.12.1970

Als Willy Brandt in Warschau um Vergebung bat

9.11.1989

Als die Mauer fiel

11.9.2001

9/11

Kollektives Schreiben

Das Projekt «Konzeptionelle Lyrik - Gedichte zu Dritt» ist inspiriert von den Surrealisten um André Breton, die im Kollektiv nach künstlerischer Entwicklung und neuen Ausdrucksformen gesucht haben. Und von Peter Elbow, dem englischen Schreibwissenschaftler, der zur Anstiftung individueller kreativer Entwicklung in Gruppen das bedingungslose Zuhören als Voraussetzung für die Technik des *sharing and responding* beschrieben hat. In unterschiedlichsten Schreibgruppen hat mich immer die gegenseitige Wirkung der produzierten Texte und Gedichte interessiert. Als kreative Animation für die Lesenden eigener Prosa und Lyrik und als Trigger für Emotionen und Erinnerungen der Hörenden.

Es ist verblüffend, wie im Prozess des gemeinsamen Schreibens Ergebnisse entstehen, die als individuelles Produkt Bestand haben und dennoch, sozusagen im urheberrechtlichen Sinne, nicht mehr voneinander zu trennen sind.

Was auch immer der auslösende Impuls für das Schreiben in der Gruppe gewesen sein mag. Das laute Lesen als selbsterzeugte Reflexion von Form und Rhythmus, wie das Feedback, das die hervorgerufenen Erinnerungen und Gefühle derjenigen spiegelt, die der Lesung gefolgt sind, alles ist Teil der eigenen künstlerischen Entwicklung. Es wird direkt in die Überarbeitung der entstandenen Werke einbezogen. Der Dialog wird zu einem dynamischen Prozesses. Die «fremde» Perspektive verhilft zur Annäherung oder zur Distanzierung. Jeder Perspektivenwechsel ist wieder ein neuer Impuls.

Aus diesen Erfahrungen ist die Idee der «Konzeptionellen Lyrik» entstanden. Der poetische Dialog oder, wie in den Gedichtbänden der Serie, der lyrische Trialog wird als kollektive Inspiration auf die Spitze getrieben.

Das gewählte Thema, ein Bild oder vorgegebene Formen und Rhythmen geben den Anstoß zum ersten eigenem Gedicht. Es wird in die Runde geworfen und damit zur Vorlage, die von der Partnerin als Auslöser für Erinnerungen, Emotionen und Erfahrungen aufgenommen und verarbeitet wird.

Aneignung – Abstraktion – Wiederaneignung und erneute Abstraktion. Worte werden durchgeschüttelt und gerührt, bis scheinbar nichts mehr von den ursprünglichen Zutaten vorhanden ist. Und trotzdem werden die Leserinnen und Leser schnell entdecken, aus welcher Feder die einzelnen Gedichte stammen. Die Worte bleiben meine und doch sind sie unwiderruflich angereichert mit der Energie der Gruppe.

Renate Haußmann

Konzeptionelle Lyrik in Serie

Band 1
Wenn die Nacht kommt in Manhattan
Renate Haußmann (Hg.), Christiane Maria Luti, Barbara Rossi (Januar 2018)

Band 2
Kein Ton geht verloren
Kirsten Eckmann, Renate Haußmann (Hg.), Andrea Katzenberger (Dezember 2018).

Band 3
Die Zeit ist Zeuge
Manon Haccius, Sabine Hammer, Renate Haußmann (Hg.) (Mai 2019)

In Vorbereitung:

Band 4
Das ist ja komisch
Renate Haußmann (Hg.), Felizitas Peters, Ursula Striepe (August 2019)

Band 5
Dunkle Seiten
Stephanie von Below, Renate Haußmann (Hg.), Karin Harries-Hedder (Dezember 2019)

Band 6
Zwischen den Zeilen
Friederike Lydia Ahrens, Renate Haußmann (Hg.), Tamara Jarchow (Juni 2020)

Band 7
Lecker Lyrixx
Luis Haußmann, Renate Haußmann (Hg.), Carla Seidemann (Dezember 2020)

Zeitfracht Medien GmbH
Ferdinand-Jühlke-Straße 7
99095 Erfurt, Deutschland
produktsicherheit@kolibri360.de